Made in the USA
Monee, IL
26 March 2022

93610542R10063